रेल दूत

सम्वाद नेह का पहुँचा दो

आर के पाठक "गोल्डेन"

समर्पण

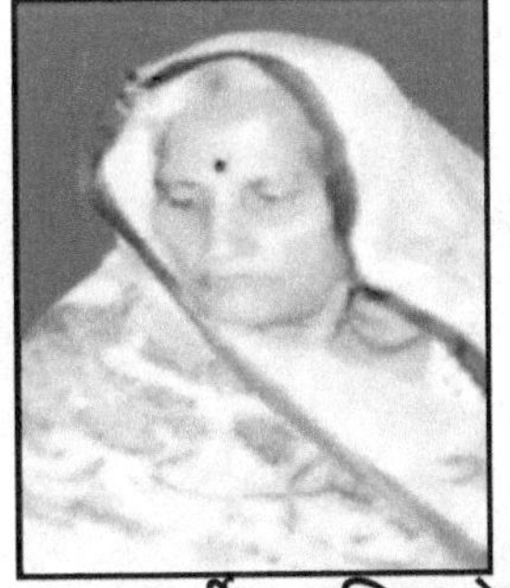

माता स्वर्गीय सुमित्रा देवी

माँ! तुच्छ भेंट स्वीकार करो।

प्रथमलाल मंझौल की बेटी

कंतलाल की साया मन पर

दिव्य अंश ले करियन आयी

सप्तपुत्र की छाया तन पर

द्वितीय पुत्र के आंसू बहते

तुच्छ समर्पण कैसे कर दूँ?

मातृ ऋणों से मुक्ति मिलेगी

रेलदूत जब अर्पण कर दूँ।

अब तो मुझको प्यार करो

माँ सब माया बेकार करो।

आर॰ के॰ पाठक "गोल्डेन"

लेखक-परिचय

मानव भावना के रहस्यों को उजागर करने और आध्यात्मिकता के गहन क्षेत्रों की खोज करने के लिए एक अटूट प्रतिबद्धता के साथ रेवती कांत पाठक ने निपुण लेखक के रूप में अपने लिए एक जगह बनाई है जिनकी रचनाएं आत्मा के सार को छूते हुए प्रतीत होती हैं।

मिथिला क्षेत्र के पंडितों के आध्यात्मिक परिवार में जन्मे रेवती कांत का प्रारंभिक जीवन हिंदू दर्शन और आध्यात्मिकता के समृद्ध चित्रयवनिका में डूबा हुआ था। इस परवरिश ने आध्यात्मिक और पारलौकिक खोज के लिए उनके जुनून की गहरी नींव रखी। बुद्धिमान पंडितों के बीच उनकी आध्यात्मिक यात्रा शुरू हुई। एक यात्रा जो बाद में उनके साहित्यिक प्रयासों की आधारशिला बन गई।

पाठक की साहित्यिक यात्रा, ध्यान और आत्म.खोज के माध्यम से प्राप्त अंतर्दृष्टि को स्पष्ट करने की एक गंभीर खोज के साथ शुरू हुई।

उनके पहले के प्रकाशन "वैदिक धर्म के सर्वश्रेष्ठ उद्धारक उदयनाचार्य" को मिथिला संस्कृत शोध संस्थान द्वारा प्रकाशित एक श्रेष्ठ आधुनिक आध्यात्मिक कृति के रूप में सम्मानित किया गया है। इस कृति ने पाठकों को गद्य और पद्य के प्रारूप में एक कठिन वैदिक दर्शन की समझ प्रदान की है।

जबकि अंग्रेजी में लिखी गई 'एथेरियलइन्ट्रीग' ने एक सरल कहानी के माध्यम से आत्मा की यात्रा के सार को वैदिक दर्शन में उल्लिखित भौतिक दुनिया और पारलौकिक दुनिया के बीच ज्ञान प्राप्त करने वाले पाठकों के साथ तालमेल बिठाया हैं।

जैसे.जैसे उनकी साहित्यिक यात्रा जारी रही, रेवती कांत पाठक ने पुस्तकों की एक श्रृंखला लिखी जिसमें "सात समुंदर आर-पार", "लालभौजी" और "वैदिक धर्म का सर्वश्रेष्ठ उद्धारक उदयनाचार्य" शामिल हैं।

अन्य कृतियां 'रेल दूत', 'स्मृतियाँ' और "नारी कभी न अबला होती" प्रकाशन के अंतर्गत हैं।

अपने साहित्यिक कौशल से परे रेवती कांत पटना उच्च न्यायालय में एक वृत्तिशील वकील भी हैं।

स्वानुभूति
आर. के. पाठक 'गोल्डेन'

रेलगाड़ी की यात्रा सचमुच निराली होती है, कोई न कोई अपना मिल ही जाता है और अगर नहीं भी मिले तो कोई अनजान आपकी जीवन यात्रा का अन्तरंग हिस्सा बनकर अलौकिक कृतित्व का प्रेरणा स्रोत तो बन ही जाता है।

मैहर स्टेशन पर एक आकर्षक देहयष्टि का नवयुवक श्री ऐसी में घुसकर मेरे बर्थ के करीब खड़ा हो गया - कृपया अपने बर्थ पर बैठने की अनुमति देंगे ?

कटनी स्टेशन तक ही जाना है । बड़ी सहजता से वह कह गया। हाँ! हाँ! क्यों नहीं? बैठ जाइये, आपने तो अनुमति भी माँगी, इसके पीछे किसी ने इस तरह की जरूरत ही नहीं समझी थी।

रेल की सीटी और छुक-छुक की तेज आवाज में बड़ी कठिनाई से वार्तालाप हो पाता था। उसका व्यक्तित्व तो काफी आकर्षक था, परन्तु अवसाद का प्रच्छन्न कुहासा अनचाहे ही उसके मुख मण्डल पर छा जाया

करता था। जैसे लगता था कि चंद घंटो की सफर में उसकी मानसिक गोपनीयता अकुलाहट में बाहर निकलकर कुछ कहना चाह रही हो। कवि हृदय के समक्ष प्रकृति की बड़ी बड़ी गुत्थियाँ सहज होकर पियूष धारा में बहती रहती है फिर किसी नवयुवक की गोपनीयता को तराश कर विलक्षण आकृति में परोसने की कला का अनायास जागृत हो जाना असंभव नहीं है ,असंगत भी नहीं है ।

कौतुहल वश मैंने पूछ ही दिया - मैंहर में आपका घर है या मैहर देवी के दर्शन हेतु आये थे? कुछ रूककर बड़ी असह्यता से उसने कहा कि देवी के दर्शन पूजन के लिए ही आया था, काफी जाग्रत है। दूर-दूर से मनौती माँगने या मनौती की पूर्णता पर विशेष पूजा करने के लिए यात्रियों की भीड़ यहाँ जुटती रहती है। आपकी क्या मनौती थी? मैंने पूछ दिया। इस उम्र के लोग तो बहुत कम ही इस सब पर विश्वास करते हैं।

जी हाँ। आपने ठीक ही फरमाया। परिस्थिति असामान्य रहने पर जीवन दर्शन, धर्म के अथाह सागर में गोते लगाने के लिए विवश हो जाया करता है। मेरी जिज्ञासा कुछ और तीव्र हो गयी। आखिर वह

कौन सी पहेली थी जो दर्शन और धर्म की गहराई में गए बिना सुलझ नहीं सकती थी । मैंने बेहिचक पूछ दिया- आप मुझको भी बता सकते है, संभव है मेरे उपचार से मर्ज को शकून मिल जाय।

नहीं अंकल मर्ज नहीं, फर्ज में कोताही का परिणाम है। कुछ दिन पूर्व एक सुशिक्षित सुसंस्कृत बालिका के साथ मेरी नजदीकी काफी बढ़ गयी थी। घरवालों से बिना स्वीकृति प्राप्त किये ही एक दूसरे को जयमाल पहना कर हमलोग बंधन में बंध भी गए।

पाश्चात्य संस्कृति के प्रभाव में मेरी नवोढ़ा की चार पाँच सहेलियों ने भी लव मैरिज कर लिया था। परिणयन तिथि के चौथे दिन सबने हनीमून में किसी सुन्दर स्थान पर चौठारी मनाने का निश्चय कर लिया था। नयी सरकारी नौकरी थी मेरी।   नयी सरकारी नौकरी में आसानी से छुट्टी मिलना असंभव देखकर मैंने नव विवाहिता पत्नी (जो कि इस काव्य की नायिका भी है) को सहेलियों के साथ आगे बढ़ने के लिए कह दिया। चौठारी की तिथि कब की बीत गयी और छुट्टी के आभाव में मैं नहीं जा सका। उसकी सभी सहेलियाँ लौटकर चली भी आयी लेकिन मेरी

नायिका मुम्बई में समुद्र के किनारे ही रुकी रह गयी। वह अपनी जिद्द पर थी। वह आ नहीं सकती थी और मैं अवकाश के अभाव में वहां जा नहीं सकता था।

करोतु सानः शुभ हेतुरीश्वरी

शुभानि भद्राणि मिहन्तु चापदः

इस श्लोक का सम्पुट पाठ मैहर देवी को सुनाने हेतु पंडित जी को संकल्प देने आया था।

उत्तम! अति-उत्तम, कल्याण तो होगा ही। राजा कुबेर द्वारा अलकापुरी से निष्कासित यक्ष के समान ही आपकी स्थिति भी लग रही है। बरसात का मौसम वैसा ही है। मेघ की टुकड़ियों में से किसी एक को भी अगर कालिदास के मेघदूत का स्मरण होगा तो आपको अपेक्षित सहायता अवश्य मिल जायेगी।

मुम्बई पहुंचने पर कई दिनों तक मैहर कटनी रेलवे स्टेशन का वह मार्मिक चित्र जगे-जगे ही मेरे मानस पटल पर उभरते रहा। मुझे दुःख हो रहा था कि दो हजार वर्ष पूर्व का मेघ-अंश अबतक तो काफी प्रदूषित

हो गया होगा, वह कहीं इंकार न कर दे मेघ की जगह रेल को दूत बनाने की सलाह देना अधिक उपयुक्त होता।

कुछ दिनों के पश्चात् रेलदूत ने ही नायक-नायिका की इतिवृत्ति का मनोहारी प्रसंग मुझतक पहुँचाकर काव्य रचना के लिए प्रेरित कर दिया। तत्काल टिकट के साथ उसने ही मुझे पटना तक भी पहुँचा दिया।

मुम्बई के समुद्र किनारे की अकथनीय सामासिक संस्कृति ने नायिका के अंतर्मन को उद्वेलित कर दिया था।

उसने चौठ-मिलन की सामाजिक अनिवार्यता तथा औपचारिकता को दर किनार कर अपने देश में सर्वस्वीकृत संस्कृति को विकसित करने का निश्चय कर लिया। सभी क्षेत्रों से सूचनाएं एकत्रित कर यथानुकुल परिशोधन करने की ललक में देश भ्रमण करना वह अधिक आवश्यक समझने लगी थी। ऐन्द्रिय आनंद के तुच्छ जाल से उभरकर परमानन्द की चोटी तक उत्थित होने के लिए वह नायक को भी बाध्य करेगी।

प्रिय रेलदूत! आपदा के अगम्य सागर को लांघने की कुशलता तो सिर्फ तुममे ही है। जाओ! नायक को मेरी नवोदित व्यग्रता से अवगत करवा दो।

नायक नायिका के नैसर्गिक प्यार में अनुकूल सेवा देने के लिए रेलदूत भी वचनबद्ध था। नायक की मानसिक संवेदना तथा देश की दुर्दशा से आहत उसके मन की नूतन व्यग्रता के सन्दर्भ में वह भारत भ्रमण करते हुए नायक के समक्ष उपस्थित हो गया।

रेलदूत ने दो प्रेमियों को मिला देने में अपेक्षित सफलता तो प्राप्त कर ली परन्तु रूठी नायिका को मना लेने की कोई चाल नायक द्वारा फिट नहीं बैठ रही थी।

अधिक मान-मनौबल के बावजूद भी नायिका स्वदेश को विकसित करने की धुन में अडिग खड़ी रही और अंततः सामाजिक परम्परा की पूर्णता के लिए उसने जनकपुरी तथा अवधपुरी पहुँचकर वैवाहिक औपचारिकताओं को संपन्न किया। देश में अनाचार -भ्रष्टाचार निर्मूल करने का संकल्प लेकर वह नायक के साथ विकास पथ पर अग्रसर हो गयी।

सम्पूर्ण ब्रह्माण्ड आनंद ही आनंद है। प्रकृति के कण-कण का विकास आनंद है। और अपनी मातृभूमि का विकास तो किसी विश्वात्मा से ही होना संभव है।

उससे ही सूक्ष्म जगत के ऋषि, पितृ, देव आदि उत्पन्न होते रहते है । प्राण के दो प्रभेदों में आग्नेय प्राण पुरुष तथा सौम्य प्राण नारी को कहा गया है । पुरुष और स्त्री चना दाल के आधे आधे समान होते है।

पृथक रहकर दोनों में से कोई भी सृष्टि करने के योग्य नहीं है । इस मैथुनी सृष्टि में देवत्व प्रधान नायक -नायिका अक्सर उत्पन्न होकर तरह-तरह की क्रिया कलापों से विकास और आनन्द का दृश्य उपस्थित करते रहते है। वैदिक विज्ञान के इस अद्भुत रहस्य का चिन्तन-मनन किसी कवि हृदय के लिए बड़ा ही दिलचस्प होता है। दार्शनिक दृष्टि से तर्क संगत कसौटी के अभाव में इस चिन्तन का आधार अपर्याप्त या अविश्वसनीय भी हो जाय तो कुछ फर्क नहीं पड़ता है।

मुझे तो रेलदूत में पवनसुत हनुमान, नायक में दशरथ नंदन श्री राम तथा नायिका में जनक नंदिनी जानकी

की प्रतीकात्मक छवि परिलक्षित हो रही है । पुरुष और प्रकृति का वह दिव्य अंश अनेक जन्मो के कार्य कारण से प्रभावित होकर रेलदूत अथवा नायक-नायिका की सरल भूमिका में चित्रित होता प्रतीत हो रहा है।

अतएव दिव्य अंश के स्वत्व को पूर्ण प्रतिष्ठित करने के लिए किसी गोल्डेन लेखनी की पहचान सुनिश्चित करनी होगी तभी युग युगांतर तक अशुभत्व पर विजयोल्लास का पताका फहराया जा सकेगा।

बाल्मीकि के मर्यादा पुरषोत्तम राम में तुलसी ने ब्रम्ह को देखा, कालिदास ने निष्प्राण मेघ को दूत बनाकर अल्कापुरी की यात्रा पर भेज दिया, तब अगर रेलदूत को उन सबकी सफलता पर गर्व है तो पाठकगण भी रेलदूत की समग्र सफलता के लिए ईश्वर से प्रार्थना क्यों नहीं कर सकते है।

आर० के० पाठक "गोल्डेन"

<u>रेल दूत</u>

उमड़ घुमड़ कर मेघा बरसे,

प्यास युवक का रह रह तरसे।।

उलझन में फँसकर कहता है,

बरस झूमकर दिल जलता है।।1।।

कितना बरसूँ? कारण सब कह,

घुँटते क्यों रहते दुख सह-सह?

प्रणय तेरा बिल्कुल नूतन है,

मन बहला लो तरूण-तनय है।।2।।

मेरा सुख दुःख, चैन छिना,

परिणीत हुआ मैं, समझ बिना।।

अभिभावक को कुछ पता नहीं,

लभमैरेज था, कोई खता नहीं।।3।।

रहता था उसका बहुत जोड़,

चल हनी-मून, अब भोर-भोर।।

समझाया, फिर भी अड़ी रही,

सब टेकनिक मेरी पड़ी रही।।4।।

मेरा भविष्य बिन देखे ही वह चली गयी,

या संग-सहेली साथ-साथ वह भली गयी।।

मैं मूढ़-मूक वन खड़ा रहा, कुछ कहा नहीं,

निर्देश मेरा कोई भी उसने सुना नहीं।।5।।

रोकर वर्षाऋतु बिता दिया, हूँ असहनीय,

चन्दा, ऋतुशरद, गरम तीखा है, माननीय!

पीड़ा अपनी मैं कहूँ किसे तरकीब बता,

अब सहन शक्ति का पार नहीं, सब दर्द मिटा।।6।।

बहुत दिनों के बाद सही में ऐसा प्यार दिखा है,

रक्त गुलाब मलीन, तड़पता रोता यार दिखा है॥

बिन देखे साधनबाधन भागी उसकी पिरिया है,

कसक भार है बहुत इसे त्यागी उसको तिरिया है॥7॥

कसक नहीं, मेरे दिल में धड़कन की ही टिक टिक है,

सावन-भादो वर्षा है, आसिन में भी किच-किच है॥

मेघदूत! कैसे कह दूँ, सन्देश मेरा भी पहुँचा दो,

हाल मेरा तेरे नायक सा, उलझन मेरा सुलझा दो ॥8॥

कालिदास के नायक से संवाद तेरा भी भारी है,

वह राजा से बंधित था, तेरी सेवा सरकारी है॥

अर्जित छुट्टी नहीं मिले तो आकस्मिक छुट्टी ले लो,

पटा सको सहकर्मी को तो फ्रेंच-लीभ में भाग चलो॥9॥

छुट्टी अर्जित कैसे ले लूँ सेवा-निवृति पेन्सन है,

आकस्मिक है शेष नहीं और फ्रेंच लीभ सस्पेन्सन है।।

सेवा में कुछ रहा नहीं और बात-बात में टेन्सन है,

ईलू-ईलू कहा नहीं, मैडम पिकनिक पर मेन्सन है।।10।।

सुपरथॉट मेरा मानो, तुम रेलदूत से बात करो,

हर दिन उसको जाना है, उसको सब दर्द बयां कर दो।।

कहने से दर्दे-दिल मिट जायेगा, मेरी भी मानो,

देख भी लो, जैसा संदेश तुम्हें मिलता वैसा कर लो।।11।।

हे रेलदूत! मेरे अजीज से मिलकर सब बतला देना,

जल बिन मछली सा, मेरे हाल को बढ़ा-चढ़ाकर कह देना।।

सत्तू खाकर दिन कटता है जैसे-तैसे ऑफिस जाना,

क्या इसी तरह रहना होगा, तुम साफ पूछकर आ
जाना।।12।।

कद मध्यम, गोरा, हेयरवॉव जो दिखे उसी से मिलना है,

'नाइटी' देकर समझा देना सोने के वख्त पहनना है।।

'गड़वा' हो डान्स 'डान्डिया' हो सबका आनन्द उठाना है,

सलवार-सूट में हेयर-बॉव का जलवा अलग दिखाना है।।13।।

क्या कहते हो? उनको अब दिन में आने लगा है स्वीट-ड्रीम,

आना कानी अब नहीं चलेगी या सरकारी टाम-टीम।।

खन्डाला मुझे घुमाना है, बोटिंग का होगा अलग थीम,

पिकनिक का ट्रीप बनाना है,सी-बीच कटेगा आइसक्रीम।।14।।

पूनम की रात तो चली गयी, अब दीपावलि भी सन्मुख है,

मेट्रो सीटी का क्या कहना, हर रात मिरेकिल उन्मुख है।।

कोई मुन्नी बदनाम नहीं, यह फिल्म जगत का फंडा है,

चलकर आओ! हम पूछेंगे, यह कितना बड़ा बितंडा है?।।15।।

भारत में नारी देवी है, भारत-माता की जय बोलो,

नारी की शक्ति निराली है, उसके गौरव को मत तोड़ो।।

माई-डियर तुरत आ जाओ, तो हम भी भारत को देखेंगे,

सर्भिस की चिन्ता मत करना, भारत की सेवा सीखेंगे।।16।।

रेलदूत खामोश खड़ा है, चिन्तित है सब कह दूँ कैसे,

नारी है एक अलग ताव में, नायक को बतलाऊँ कैसे?

अब तो उसको किसी तरह भी,डिसमीसल का चान्स बन गया,

इससे अच्छा मूभकरे वह,महाशक्ति का ट्रान्स तन गया।।17।।

चिन्ता सैलरी की छोड़ो, तुम सीक-लीभ में कूच करो,

प्रलय मचाती लहरों को अपनी तरकीब से टीच करो।।

उसका कैसा थन्डर हैं, तुमको तत्काल बुलाया है,

वेटिंगलिस्ट का चक्कर कम,तत्काल टिकट भी लाया है।।18।।

अरमान प्रसिद्ध नायिका है, फरमान सुनोगे जाने पर,
जूहू का बीच है आकर्षक, फोटो सुन्दर लहराने पर।।
हर जोड़ा प्लेजर लेता है, नरीमनप्वाइन्ट के आने पर,
तुम लहर बीच मत ले जाना, तत्क्षण लहरों के जाने पर।।19।।

हाँ! खन्डाला का ब्यूटी अनुपम, मेघ खंड छतरी सम है,
जो महिलाओं के, हेयरबॉब से रह-रह कर टकड़ाता है।।
नीचे-ऊपर की घाटी में जंगल सुन्दर लुक छिप करता,
प्रेमी साथी का हाथ पकड़ पिकनिक को सुखी बनाता है।।20।।

प्यारे! चलता हूँ, अभी तुरत, डायरेक्शन उसका मानूँगा,
पर खुद सोचो ठुकड़ाकर सेवा कैसे समय बिताऊँगा?
नारी अबला है कभी नहीं, उसका विचार ही मानूँगा,
जो होगा देखा जायेगा, रिजनीसन ही दे डालूँगा।।21।।

मदहोशी में मुझको लगता नायक भी छिपा हुआ है,

कोई देखे तो बतला दे अब सरगम तना हुआ है,

आँखों में लाली और रगों में ऐंठन छिपा हुआ है,

तेजी से साँसे बतलाती मधुरस भी छना हुआ है।।22।।

हे रेलदूत! मुझको कह दो, नायक क्यों छिपा हुआ है?

संदेश मेरा तो किलियर था, तुमने ही ट्विस्ट किया है?

मैं किससे पूछूँ राम कहाँ? रामायण उलट गया है,

देवाधिदेव तुम क्षमा करो, प्रेमी ही पलट गया है।।23।।

पीछे देखो, अधीरमत हो, सेवा ठुकड़ाकर आया हूँ,

अब संग-संग ही जीना है, मैं कदम मिलाने आया हूँ,

क्यों जलधिमौन पूनम में है देखूँ जूहू जाकर पहले,

एलफेन्टा का ही सैर करूँ, झूमूँ कूहू गाकर अहले।।24।।

कोयल की कूहू कूक, हूक तेरे बिन भर आयी थी,

सखियाँ तो अपने पिया संग गृह से प्रसन्न आयी थी,

नारी अबला, पर मानवती, क्या खाक घूमती प्यार बिना,

पाषाण हृदय तुम क्या जानो, यारी अपूर्ण है यार
बिना।।25।।

मैं सखी सहेली संग, रंग में भंग नहीं कर सकती थी,

गड़वा नाचूँ क्यों संग-संग, मैं तंग नहीं कर सकती थी,

सबकी जोड़ी, मैं बेजोड़ी, चुनरी पर नाइटीफीका था,

परिणयन वाद की चौठारी कैसे उलंघ कर सकती थी।।26।।

तेरा अनुराग विराग भरा,

है पूर्ण स्वार्थ और त्याग भरा,

मधु कर सा तुमको ज्ञान नहीं,

मधुरस की है पहचान नहीं।।27।।

सब महल अटारी सूना है एक प्यार बिना,

वेवश नारी क्या कर सकती एकसार्थ बिना,

तुम भूल गये नव विवाहिता का हनीमून,

मैं छुई-मुई सी सिकुड़ गई कामार्थ बिना।।28।।

श्रद्धा -विश्वास लबालब अबतक मुझमें है,

प्रेमोपहास नवकालक यौवन मुझमें है,

उत्कंठा मोहनजल, अभिसार है गुप्त-सुप्त,

कोई अभिहार है अयजमान सा लुप्त-लुप्त।।29।।

क्यों ज्ञानगूह, या गौरव जातक का बनते?

घनमाला पीछे छूटी, व्रत चातक करते?

मैं सोमयाग की सोमलता संगी सितकर,

आहूति अग्नि की, व्योम धरा पानी हितकर।।30।।

गोकुल की गोपी के सदृश्य मम भाग्य कहाँ,

वह लीला, रास या आलिंगन का प्यार कहाँ?

सौभाग्य गर्विता राधा सम वह भाव नहीं,

आंसू भर भर मैं, हँसती हूँ पर कृष्ण नहीं।।31।।

भावामृत-कान्हा की वर्षा उद्धव कर दो,

सूना सा है यह भाव-कुंज संभृत कर दो,

मैं सरण शील इस भाव कुंज में नाचूँगी

इस शक्ति पुंज में तीर्थ शील बन गाऊँगी।।32।।

जो रस-परकीया प्रमुख लक्षण गोपी में है,

आध्यात्मसुहित गोलोक सुखद पोथी में है,

अनुकरण गोपियों का कैसे संभव होगा?

जब कृष्ण नहीं, तो दिव्य भोग कैसे होगा? ।।33।।

वृन्दावन का वनकुंज कहाँ से अब लाऊँ,

वंशी की धुन और ताल कहाँ से अब पाऊँ?

मेरी सखियाँ हैं आत्म मुग्ध, पति संग-संग,

विपरीत भाग्य पर मैं रोती, है भोग-भंग।।34।।

अलकापुरी कुबेर धाम में,

मेघ मिले थे यक्ष-प्रिया से,

वैसे ही शुभचिन्तक बनकर,

मिल लो तुम मेरे प्रियवर से।।35।।

विरह वेदना में जीकर भी

मिथिला संस्कृति शिरोधार्य है

रेलदूत की कथा बाँचना

पाठक का अनुकूल कार्य है।।36।।

अवधपुरी जाना ही है,

तो वहीं मिलेंगे नायक मेरे

नहीं मिलें तो तिरहुत जाना,

कार्य बनेंगे निश्चित तेरे।।37।।

नैहर-सासुर पास-पास है,

अवध मैथली का सुवास है

एकताल में दोनों चलते

रेलदूत पर अधिक आश है।।38।।

व्रत एकादशी, की पूजा में पुष्प यक्ष को पहुँचाना था,

यक्ष-यक्षिणीनवदम्पति को राजा से दण्डित होना था,

मेरा ऐसा दोष कहाँ, परिणयन अभी तक पूर्ण नहीं है,

मिथिला में परिणयन, बिना चौठारी भी सम्पूर्ण नहीं है।।39।।

इसी तरह मिथिला की महिला, राह देखते क्यों रह लेगी?

लखन-प्रिया विरहिणी भाँति, आँसू पीकर क्यों दुख सह लेगी?

जनकपुरी बेटी जब करती, अग्नि-कुंड का सप्तम चक्कर,

कभी नहीं प्रिय विमुख बनेगी,लाखों का हो टक्कर ठक्कर ॥40॥

दिन रात सिसकती रहती हूँ,

कुल के परिचय से डरती हूँ,

यह वाँव-कट बन गया काल,

सबकी नजरें सलवार शाला॥41॥

मैं हूँ अनाथ, अछूत अबतक,

बेकार नकल पोसूँ कबतक?

कितना सुन्दर भारत स्वरूप,

अब पछताती हूँ बन अरूप॥42॥

तेरे कहने पर बहक गयी,

संस्कृति पिछली भी गटक गयी,

केंचुल विकास का पहन लिया,

नैतिकता उसमें अटक गयी।।43।।

दलिता-वनिता, क्यों वहन नहीं?

आचरण शुद्ध, क्यों सहन नहीं?

नकली शेखी है जिधर-तिधर,

अब भी बतलाओ, चलूँ किधर?।।44।।

मेरी इच्छा थी, संग-संग भारत घूमूँ,

शासक-शासित की मेली-कुश्ती भी देखूँ,

प्राची-पूजा भी पश्चिम से मैं शुरू करूँ,

भ्रष्टों को नैतिक कुन्डो में ही हवन करूँ।।45।।

जहाँ देखती हूँ, भ्रष्टों की तूती बजती,

घूसों की वर्षा में जूती छतरी बनती,

दम्भी कैदी अपनी मूँछे ऐंठ रहा है,

जेलों का रक्षक मधुशाला पैठ रहा है।।46।।

ऊपर-ऊपर, नया-नियम बन जाते हैं,

उपयोग यथावत, नया मार्ग खुल जाते हैं,

बटमारी का है नियम सख्त, सब ठीक-ठाक,

प्रतिरोधक हैं चुपचाप, ढाक के तीन पात।।47।।

सब सीख चुके, मूल्यातिरेक पर चुप होना,

कामों का दर है अलग-अलग, तो क्या कहना,

मूषक वाहन भी स्वाद ले रहा लड्डू का,

मैं दुखी बहुत हूँ, देख देश में फितरत का।।48।।

डायलिसिस इस तरह कितना दिन चल पायेगा?

किडनी जैसा भी बदलेंगे पर रक्त वही रह जायेगा,

तुम भूल गए, नैतिकता ही शासन को शुद्ध करेगा,

ठेहुना तक धोती, खुला अंग ही हमको बुद्ध करेगा।।49।।

अहंकार में जीते हैं, और भूल गए हम भारत हैं,

हम अपने को शुद्ध करें और गर्व करें हम तारक हैं।

यह पछिया बयार कैसी, जाड़ा, गर्मी वर्षा देगी,

पूर्वैया अनुकूल करें तो, जड़ को चेतन कर देगी।।50।।

नूतनता को खारिज कर दो, है ओल्ड-गोल्ड ही ठीक यहाँ,

शिक्षा प्राचीन सुसंगत है वॉकी शिक्षा प्रतिकूल यहाँ,

अर्जन अवैध् है कर्करोग जो बूथ-यूथ खा जायेगा,

उपवास-श्वास का योग, तेरे शासन को शुद्ध करेगा।।51।।

सदियों लड़ने के बाद हमें आजाद देश मिल पाया है,

गोली-गाली खाकर भी हमने अद्भुद त्याग दिखाया है,

यह सप्त दशक ही बीता है, किसने भारत को लूटा है,

कारण तो भ्रष्टाचार ही है, इससे ही भारत टूटा है।।52।।

क्यों प्रजातंत्र में रावण ही रावण दिखता,

गदहों को क्यों वैशाख मास सावन दिखता?

बदहजमी से तो कार्य कुशलता रोती है,

क्या नेतागिरी इसी शैली से होती है?।।53।।

परिवार देश को तितर-बितर कर, लीडर है,

और धन-बल-छल का खेल दिखाकर, फीडर है,

चौबंद-चाक होकर कहता, डरते क्यों हो?

नवयुवकों तुम भी वही करो, मरते क्यों हो?।।54।।

त्राहिमाम् की करूण गूँज से घबड़ाती हूँ,

यत्र-तत्र किरीट-समर से अकुलाती हूँ,

कब होगा अवतार, धर्म अब शेष नहीं?

कौन करेगा पार, जनकपुर देश नहीं।।55।।

रेलदूत उलझन में था, कैसे भारत को देखूँगा?

भौतिक विकास की शुचिता को कैसे-कैसे मैं जाचूँगा?

क्या लिया-दिया कुछ ज्ञात नहीं, लेखा-जोखा कैसे होगा?

अच्छा है, नायक से मिल लूँ, सब प्रश्नों का उत्तर
देगा।।56।।

जैसा भी हो, बिचौलियों को, उलझन से क्या लेना देना?

नेता शासन को डँस लेगा, बीती बातों को क्यों ढोना?

कारण दोनों के मध्य द्रव्य, गणितार्थ शुद्ध कर देगा,

भौतिक विकास पन्नों में है, फलितार्थ कुद्ध कर देगा।।57।।

मैं अन्य नायकों को देखूँ, जो गाँव देश में फैले हैं।

धन-दौलत उनको काफी है, वे दम्भी और विषैले हैं,

संख्या इनकी डिस्मल में थी, वर्षों में ही पूर्णांक हुई।

शैली विकास की ऐसी है, लक्षांश सदा लब्धांक हुई॥58॥

कर में प्याला, मुँह में सिगार, कैसी शोभा उनकी होती?

गीता, दुर्गा, रामायण की व्याख्या अपूर्व उनकी होती?,

शकुनी, दुर्योधन का पाशा विछ जाता कम कामों में, ही

आचरण, वोट या दफ्तर भी बिक जाता सब दामों में

ही॥59॥

अति पिछड़ों की बस्ती में, क्यों जनजीवन सुख से जीता है?

दुर्गन्ध नहीं लगता उनको, कर्त्तव्य-बोध ही गीता है,

भोगों विषयों में नायक की हर चाल फिरंगी फक्कर है

वे कार्य-व्यस्त हैं, इनका केवल बहुरंगी सा चक्कर

है॥60॥

मेरा नायक तो राम-कृष्ण के आदर्शों पर जीता है,

वह सदाचार और कर्म-भक्ति से ही सेवा करता है,

आडम्बर शून्य कार्य उसका, अवकाश नहीं लेता है,

परिणीता नारी-संग मिलन का चौठ छोड़ देता है।।61।।

ऐसे नायक के सदगुण से भारत-सेवा भी संभव है,

मैं चिन्तित हूँ, संध्याबीती, फिर भी वह ऑफिस में ही है,

तत्काल टिकट क्यों फेंक दिया, नारी इसकी व्याकुल सी है,

वह सखी-सहेली छोड़, उसी की आशा में आकुल सी है।।62।।

कितना उपकार तेरा कर दूँ?

आश्रित तुम हो, प्रणयण तेरा,

कुछ तो आभार प्रकट कर दो,

बाहर निकलो, मन व्यग्र मेरा।।63।।

सबसे पूछा अज्ञानी बनकर,

गृह-परिचय और तेरा नाम,

सब जगहों पर पहुँचा खोजा,

क्या अवधपुरी क्या जनक धाम।।64।।

छुटभैंया नायक सभी जगह,

तान्डव करते हैं, बिना वजह,

विखड़ातेमधुरस की बयार,

अनुशासन तोड़े बार-बार।।65।।

विधिवाम नहीं इस धरती का,

हतभाग्य नहीं इस देश का है,

तुमसा नायक चारित्र्य कवच,

आशीष विपुल इस देश का है।।66।।

अब प्राची तिलक अलंकृत है।

तुम दिवस जान ऑफिस में हो,

जन नायक सम चिन्ता करते।

भारत प्रशिष्ट कब करते हो?।।67।।

क्यों निराधार मैं ठहड़ूँगा

बाहर रूचिकर बातें सुन लो

हे! युगल प्रेम के चिरसाथी

चलने का शुभ, मुहूर्त्त चुन लो।।68।।

बस, और न मुझको धिक्कारो

प्रियतम की हालत बतला दो,

मन-दर्पण मेरा प्रेम लसित,

उसका तापित मन सहला दो।।69।।

हाँ! सर्वप्रथम है प्रिया मिलन,

जिसने खोया सबकुछ अपार,

बिजली सी छिटकी, निकल पड़ी,

प्रतिध्वनित हुई थी बार-बार।।70।।

पाकर मधुमय संदेश, शीघ्र,

इतिहास तुम्हें कुछ रचना है,

आतप तापित दैहिक सुख का,

परिहास, रास सब चखना है।।71।।

घूँघट में देखो प्रियतम को,

जो है प्रशस्त श्यामल शासक,

उस विरह विकल सी नारी में,

रस प्रेम मिला देखो त्राटक।।72।।

रस तो एक आनन्द रूप है,

ज्ञान-पार इसका स्वरूप है,

मन को प्रथम पुरुष में जाना,

कहलाता रस को पाना है।।73।।

तुम जिस रस की बात उठाते,

मन की परवशता में होता,

क्षर- प्रधान के आकर्षण से,

सदा-सदा पार्थिव रह जाता।।74।।

जब भी कुछ कर्म शुद्ध होता,

परिच्छिन्न आत्म शोधित होता,

नैतिक विकास का यही कर्म,

सम्भाव्य लक्ष बोधित करता।।75।।

मैं नित नूतन प्रयोग में हूँ,

सब राह टटोले चलता हूँ,

कोई कुछ कहता, सुन लेता,

बस, सुहित लक्ष पा लेता हूँ।।76।।

अब चलो! नायिका की सुन लूँ,

झुठलाती सोमलता छू लूँ,

अबला होने का भरम उसे,

सबला गर्मी में हवन करूँ।।77।।

प्रिय रेलदूत! देखो उसको

सरिता समीप क्या करती है?

यात्री समूह से अलग खड़ी,

वह क्यों उदास सी लगती है?।।78।।

सलवार-सूट या बॉवहेयर,

लगता, छोड़ी है अनबन में,

पर साड़ी उसे अधिक जँचती,

माँटी की गंध है तन-मन में।।79।।

सम्वाद मिला, मैंने तुमको है बहकाया,

पाश्चात्य चलन मैंने ही तुमको सिखलाया,

मेरा प्रयोग था पूरब-पश्चिम एक करूँ,

भौतिकता में आध्यात्मिकता का रंग भरूँ।।80।।

विश्वास किया था, सुख-दुख को हम एक साथ भोगेगें,

परिणयन वाद, दो प्राणों से हम एक साँस ही लेंगे,

ब्रह्मांड सुखी है जगत प्रेम में, हम भी वही करेंगे,

यह प्रेम-ज्ञान ही अनुपम है, अब भ्रम में नहीं रहेंगे।।81।।

क्या नारी से ही त्याग, नियम, सर्वोत्सर्ग की प्रेक्षा है?

क्यों पुरूषों के मन में सदैव दासी रखने की ईच्छा है?

यह प्रकृति रूष्ट है इन बातों से समरस में रहने दो,

यों सब विकास रूक जायेगा, बस-बस मुझको जीने दो।।82।।

वर्जन, निषेध्, कर्मों से आबृत कैसा जीवन जीते हो?

आकृष्ट हुई थीं देख तुम्हें, भौंरा समान मधु पीते हो,

धिक्कार तुम्हें है, चौठ-मिलन, के तरल-ताल में अब जी लो?

प्रिये! जीवन है वरदान, प्रेमरस को, जीभर तो पी लो।।83।।

मुझसे तुमको नाता अनेक, जो भावे उसको मानो,

निर्दोष नहीं तेरा कृतित्व, अपनी गलती पहचानो,

मैं कलियुग की सीता हूँ, फिर क्यों, बिना दोष बन घूमू?

अपराधक्षम्य है कभी नहीं, फिर भी, चरणों को छूलूँ।।84।।

मैं उर्ध्वलोक से आयी हूँ, भूलोक-उष्णता कम करने,

या कलाकाल विस्तार हेतु, गर्मी-सर्दी को सम करने,

कितना निशान्त है निशारत्न, मैं पगली सी इठलाती हूँ,

दावानल को भी गले लगा, अभिगम्य शीत लहड़ाती
हूँ।।85।।

प्रिय! आ जाओ! है घनी निशा, समिधा की ज्वाला तेज
करो,

ऋतुस्नाता का गौरव तोड़ो, आकाश सलिल को भी पी लो,

रोमांचित है हर रोम-रोम, मंत्रित जल उफन रहा है।

साड़ी, नाड़ी है भड़क रही, विद्युत भी चमक रहा है।।86।।

जब शक्ति अजस्र पुरूष में है, प्रस्फुटित कौन करता है?

अव्यय, अक्षर, क्षर-कला सभी, कैसे उद्भव होता है?

क्या कला सृजित शुक्रों से ही, सब लोक सृजित होता है?

अभिसार कलाओं में होता, पर प्यार कहाँ से आता
है?।।87।।

जब प्यार नहीं, अभिसार कहाँ ?

उन्मीलित शुक्र परिणामिक है,

हम कला रूप परमाणु यहाँ?

प्रिय-मिलन रूप नैमित्तिक है।।88।।

प्रकृति सतत आनन्द बाँटती,

मुझसे बाँटो निरत प्यार तुम,

राह देखती जनम-जनम से,

चाँद दूज का बने यार तुम।।89।।

सखी संग प्रमुदित आयी, पर

चौठ-मिलन अबतकबाँकी है,

समय मांगलिक बीत चुका,

आकर देखो! कुहरित झाँकी है।।90।।

श्रद्धे! अब! प्रणय-कलह छोड़ो

घन-गर्जन स्वतः कमेगा,

बादल को खूब बरसने दो,

यह शस्य सरस भी होगा।।91।।

वायु के हरदमटक्कड़ से ही, चक्रवात होता है

धाराओं के हरदमटक्कड़ से भँवरा भी वनता है,

हम प्रतिफल हैं, इस रश्मि-सोम के घर्षण का

अथवा प्रपंच हैं, सोम-अग्नि सह तर्पण का।।92।।

पूरी प्रकृति है, महाकाल से शमित, भ्रमित,

तकरार-प्यार भी मन में होता, ज्ञान जनित,

सब जन्मों के ही कार्य, सदा कारण बनते,

प्रतिफलित भोग के रूपों को धारण करते।।93।।

सब कर्मजनित कारण अदृष्ट सन्मुख होता,

जो शेष, भोग के वाद बचे, सुख-दुःख होता,

हँसते रहकर हम कर्म-भोग को भोगेगें,

अभिलषित भाग्य हम कर्मयोग से ले लेंगे।।94।।

यह ज्ञान विलक्षण मुझको भाया, खूब ठीक,

तब से कर्मों का क्रियान्वयन करता सटीक,

मैं अग्नि तत्व दिनकर से ही अनुबन्धित हूँ

और चन्द्र-सोम के आकर्षण में बन्धित हूँ।।95।।

अब दूर करो तुम द्वैत भाव,

अद्वैत सहज है, चिर प्रशान्त,

दुविधा सुविधा दोनों अशान्त,

आनन्द सुखद, मत करो क्लान्त।।96।।

देखो,! समीप है तालवृक्ष,

छाजन से कुंज बना लूँगा,

फिर तुम दोगी अपना दुलार

जिससे मैं प्यार सजा लूँगा।।97।।

श्रृंगार तेरा कम्पित करके,

अनुराग नयन में घोलूँगा,

मादकता यौवन का उड़ेल,

उलझे अलकों को खोलूँगा।।98।।

बांहो में तुझे सुला लूँगा,

दुलरालूँगा मैं बदन चूम,

तेरी छाती से लिपट-लिपट,

मँहकाऊँगा उन्मत्त धूम ।।99।।

पीयूष रशिम करता अशान्त,

अमृत रसधार को पी लूँगा,

मृगनयनी तुम निश्चिन्त रहो,

पिक बंधु-सुखों को हर लूँगा।।100।।

उपवन हँसता तो हँसने दो,

वासन्तिकता है तड़प रही,

तारों को आकुल होने दो,

अब शीतलता है धधक रही।।101।।

बस! एकबारमज्जन कर लूँ,

लज्जा अलगाती छिप-छिप के,

कौतुकागार सज्जित कर लूँ,

मोती विखड़ेगासिप-सिपके ।।102।।

सुख सहज लब्ध छोंडू कैसे?

मैं विफल नहीं हो सकता हूँ,

अणु-अणु में है रस मादकता,

कैसे निशान्त रह सकता हूँ॥103॥

नायिका शमित थी, भावशून्य,

आँखों में अविरल अश्रुधर,

होठों पर कम्पन न्यून-न्यून,

वह तौल रही थी प्रेमभार॥104॥

आगे बढ़ती, पीछे हटती,

हँसती भी थी, रो लेती थी,

प्रेमी पति से क्यों हो विराग?

मन को समझाती रहती थी॥105॥

नारी माया, ममता स्वरूप,

कबतक कठोर रह पायेगी?

अन्तः स्थल में थी चिर अतृप्ति,

ज्वाला कैसे सह पायेगी?।।106।।

लेकिन अपराध है क्षम्य नहीं,

मैं मजा चखाउँगी अविरत,

कर्त्तव्य-बोध स्मरण नहीं,

अब पहुँचा है आह्लाद सुरत।।107।।

नूतन विचार कैसे उपजा,

जो कभी नहीं संभव उससे?

आखिर, उससे ही प्यार मिला,

अनुरहस लगन होता जिससे।।108।।

मैं सोम-अग्नि या अग्नि-सोम में,

सतत प्रसादित रहती हूँ,

अपने वश में है, यज्ञ-कर्म,

जनश्रुत प्रपंच ही करती हूँ।।109।।

हम कण-कण में हैं घुले-मिले,

सारा विकास मिलकर करते,

हम सोम-अग्नि के आवर्त्तन में,

याग-क्रिया हर पल करते।।110।।

मैं अप् स्वरूप गंगा-यमुना,

ब्रह्मांड छेद वहकर आती,

पर्वत सुमेरू से टकड़ाती

धरती तक हहड़ाती आती।।111।।

अबतक क्यों नहीं समझ पायी,

अभिनय, नर्त्तन का लक्ष्य अन्त?

नारी जीवन की चित्र कथा, जो,

शत-शत अर्पित, हित वसन्त।।112।।

अब तो लगता है, रोकर भी,

आलम्भ ग्रहण करना होगा,

अविकल अस्मिता भुला कर भी,

अनुरक्त प्रणय करना होगा।।113।।

कबतक परिहार करूँ, बोलो?

मिथिला-महिला सब चली गयीं,

जैसा! मणिमुकुल पुष्प कर लो,

मणिपालीकबकी छली गयी।।114।।

तुमने कुचला आनन्द तरूण,

तरूणी, गृहणी भी बनी नहीं,

नूतन सुहाग की व्यथा करूण,

कोमलता अबतक घनी नहीं।।115।।

नारी मन इतना दुर्बल क्यों?

रूककर भी नहीं ठहड़ता है,

पुरुषों की चतुराई जाने बिन,

विकल तुरत हो जाता है।।116।।

सर्वस्व समर्पित करके तुम,

अनुराग-प्यार, जी भर दोगे,

पर एक बात कह दो मुझसे,

भारत उऋण कब कर दोगे?।।117।।

कितना विचित्र माया-प्रपंच,

अम्बर से उतरा दो भिक्षुक,

एक भारत को चमकाबेगा,

और दूजा प्यार का है इच्छुक।।118।।

नायक! स्वदेश को प्यार करो,

मैं तुम्हें प्यार दे देती हूँ,

या पुष्प वाटिका तुम ले लो,

मैं देश-प्रेम कर लेती हूँ।।119।।

जो पुरुष सृजित ब्रह्माण्ड लोक,

ग्रह नियमों से परिचालित है,

पृथ्वी का भारत लघु प्रदेश,

हमसे क्यों कभी न पालित है?।।120।।

मजहब आश्रित, है जात-पाँत

सरकार झुकी सी चलती है,

अवला, अनाथ, नारी-चरित्र,

पर हँसकर बोली लगती है।।121।।

झूठे वादें, कसमें हरदम,

है राजनीति गत भ्रष्ट संग।

लेने देने से नियम भंग,

आचरण बिगड़ता, अंग-अंग।।122।।

वीणावादिनि हम सबकी है,

आश्रय उपनायक क्यों देगा?

बच्चे अनाथ इस देश के हैं,

केवल कुलीन क्यों पढ़ लेगा? ।।123।।

अभिजात तंत्र को बन्द करो,

कीचड़ उगलेगा कान्त कमल,

शिक्षक-शिक्षा बिन्दास करो,

अभिरूप जनेगा शान्त, बिमल।।124।।

है गाँधी का उपदेश सरल,

होठादि, कर्ण और नेत्र गरल,

हमने इनको खोले रखा,

तो मर्यादा वन गयी तरल ।।125।।

साम्राज्यवाद जड़ जमा चुका,

नैतिकता हर पल रोती है,

है वैश्वीकरण की भिन्न नीति,

जनता मँहगाई ढोती है।।126।।

हजरत मसीह ने रोका था,

औरत पर पथ्थल का प्रहार,

पथ्थल केवल वह फेंकेगा

जिसने न किया हो अनाचार।।127।।

सबकी शिक्षा हो नीतिपरक,

भौतिक विकास आध्यात्मिक हो,

सबकी मजबूरी त्याग बने,

हर कार्य-कृत्य भी सात्विक हो।।128।।

क्यों सिकवा-गिला नहीं रहता,

जब प्यार, प्यार से टकड़ाता?

किसलय भी रूष्ट नहीं रहता,

तब ही, मधुकर रस टपकाता।।129।।

क्यों रेलदूत, है खड़ा यहाँ,

इससे ही, भारत घूमेंगे,

नैतिक विकास अविरुद्ध जहाँ

उसको पटरी पर लायेंगे।।130।।

यह पावन देश तभी होगा

जब सर चढ़ नैतिकता बोले

प्राचीन धर्म का पालन हो

और राम राज्य चहुँदिश डोले।।131।।

नायक! भोगों की बात न कर,

यह है अदृश्य पर आत्मनिष्ठ,

आकुलता कई जनम की है,

परिशोधन से भागे अनिष्ट।।132।।

दिनकर से रूप मिला हमको

तो आ पहुँचे लीला करने

चौरासी जन्मों के पापों को

धो-धोकर ढीला करने।।133।।

मिथिला-विवाह में चार दिवस अनुशंसित है,

कब के वीते वह दिवस-चौठ तुम भूल गये,

मेरी सखियों ने आनुश्रविक व्यवहार किया,

विधिवाम मेरा, अरमान धूसरित धूल हुए।।134।।

नारी का कोमल हृदय अभी तक टूट चुका,

अग्रहण मास का विहित लग्न भी छूट चुका,

मांगलिक सूत्र, कंगन, गुलाल का पता नहीं,

त्रासित अबला से शुभ सुहाग भी रूठ चुका।।135।।

शुभ लग्न चौठ का आने दो, तबतक घूमो,

हर गाँव, देश का भ्रमण करो, बातें सुन लो,

संघर्ष, विकलता, कोलाहल अवसन्न करो,

फिर मधुर मिलन तो होगा ही, जिद को छोड़ो।।136।।

मैं श्वेत दुपट्टा तेरे माँथ पर रखती हूँ,

जो असहनीय गर्मी पर छाया कर देगी,

चलते-चलते पीछे मुड़कर मत निहारना

उन्नत छाती काया में माया भर देगी।।137।।

उड़ते मधुकर का गुंजन कभी नहीं सुनना,

वह किसलय का रस पीकर ही ध्वनि करता है,

कोयल का पंचम स्वर भी कुछ-कुछ कहता है,

मानिनियों का अरमान मथित कर देता है।।138।।

मेरे अधरोष्ठ के मधुरामृत की तृष्णा में,

उन मधुप-श्रेणि से रसपराग ना चूषित हो,

दोनों हाथों से पुष्प तोड़ 'गर' भ्रमित करूँ,

तो उदरनाभि या वक्ष स्थल ना दूषित हो।।139।।

करधनी बजाकर भाग चलूँ, अच्छा विकल्प है,

कितना झेलूँ इन भौंरों को, अब राह अल्प है,

प्रियवर! ऐसे में नियम कठोर अपेक्षित है,

नारी जीवन बिल्कुल असहाय उपेक्षित है।।140।।

कितनी अभिसंधि हृदय में है,

जैसे वह मुझे बुलाती हो,

मैं अनायास खिंचती जाती,

कुलगातघिसकती जाती हो।।141।।

यह और कुछ नहीं माया है,

जिसकी आवृत्ति है, दैन्य नहीं,

निरूपाय हमें बस चलना है,

उस शक्ति पुंज तक चैन नहीं।।142।।

नायक पूछो कारण इसका,

किस धरती का है आकर्षण ?

हो सकता है, उदयन पूजित,

हो, शक्तिपीठ का संकर्षण?।।143।।

देखो, वह पथिक कौन आता,

उससे पूछें पथ का वारण,

संभव है, वह स्पष्ट करे

किस आकर्षण का है कारण?।।144।।

पथ अगमनीय, अंकर-कंकड़,

बिजली उपलब्ध नहीं रहती,

तुम सही दिशा चल रहे पथिक,

शासक से राह नहीं बनती।।145।।

नायक। तुम भूल नहीं करना,

ब्रह्मांड शक्ति से सुरभित है,

यह तंत्र-मंत्र और न्याय-ज्ञान,

की शक्ति पीठ अति गर्वित है।।146।।

जब जगदम्बा हो मान रहित,

अवला नारी अवहास्य वहाँ,

जब शक्तिपीठ हो अनभिज्ञात,

अभिशप्त ज्ञान अभिभूत तहाँ।।147।।

सड़कें प्रशस्त, चकमक बिजली,

और रेलमार्ग विस्तीर्ण करो,

प्राचीन धरोहर पीठों पर,

मौलिक संस्कृति पाठीन करो।।148।।

नैतिकता पारम्परिक पूर्ण अनुकम्पित है,

श्रुति ज्ञानी एवं महादलितअपकर्षित हैं,

सब बाहुबली अगली कुर्सी पर चर्चित हैं,

पिछलगुए निज की पारी से अति हर्षित हैं।।149।।

कलि का कैसे प्रभाव इतना,

खुलकर सबको डँस लेता है?

अब कोई ''परीक्षित'' रहा नहीं,

आचरण भ्रष्ट कर देता है।।150।।

हम सभी ''परीक्षित बन सकते,

मन को कठोर करना होगा,

''शुकदेव'' वसा है हर दिल में,

अभ्यास सतत करना होगा।।151।।

परदेशी तेरा परिचय क्या,

मिथिला नगरी की लगती हो?

कैसे आयी तू यहाँ भटकती,

नव विवाहिता दिखती हो?।।152।।

माँथे पर शुभ-सिन्दूर नहीं,

नायक के संग चहकती हो,

सब व्यथा मुझे कह दो पहले,

वीरान, भ्रमण क्यों करती हो?।।153।।

मेरा परिचय, मिथिलानी हूँ,

मैं दूर देश से आयी हूँ,

यह नायक मेरा सौहर है,

हर गाँव घूमने आयी हूँ॥154॥

यह सड़क मेरे घर जाती है,

चौठारी विधि घर पर होगी,

घरवालों ने है सूचित किया,

सब विहित क्रिया मुनि से होगी॥155॥

मेरा इनसे लभमैरेज है,

अब भी विवाह बाकी ही है,

मुझमें औचक है भाव जगा,

भारत की कैसी झाँकी है?॥156॥

नायक तो देश चलाता है,

फिर देश क्यों नहीं चलता है?

यह अनाचार, हँसकर कहता,

सब जनहिताय ही पलता है।।157।।

सुन लो मेरा शोधित उपाय,

तुम शक्ति पीठ दर्शन कर लो,

''उदयन'' सी शक्ति मिलेगी, फिर,

भारत को भी विकसित कर लो।।158।।

माँते! कैसे अन्दर जाऊँ,

और लाल फूल किससे माँगू?

हूँ रिक्त हस्त तेरे दर पर,

फिर भजन आरती क्या गाउँ? ।।159।।

अपराध सहस्र हुआ होगा,

हे! परमेश्वरी क्षमा कर दो,

पूजन विधान का ज्ञान नहीं,

माँ जगदम्बे ! सुफलित कर दो।।160।।

मैं सदा सुहागिन बनी रहूँ,

नायक से भारत चलने दो,

''उदयन'' की धरती बोलेगी,

''माँते! दुर्भाग्य को टलने दो'' ।।161।।

अब चलो जनकपुर धाम,

वहाँ से अवधपुरी भी जाना है,

दोनों अनुपम अवतारी का,

शुभ विरह-मिलन भी सुनना है।।162।।

मिथिला की संस्कृति पहले की,

कितना सकून भर देती है?

अब भी वह है या बदल गयी,

उत्सुकता हर पल रहती है।।163।।

भाषा मिथिला की मधुरामृत,

पिकबैनी जैसा मधुर बोल,

तेरी पीड़ा सब हर लेगी,

तुम झूम उठोगे हृदय खोल।।164।।

सब सखियाँ परिछन कर देगी,

सर सहलाती, मुँह चूमेगी,

तेरे कपोल को छू-छूकर,

आँखों में काजल भर देगी।।165।।

महुअक गीतों की मादकता,

तुमको उच्छृंखल कर देगी,

दधि दुर्बाछित के चन्दन से,

व्याकुलता श्रृंखल कर देगी।।166।।

छम-छम करती मतवाली,

सखियाँ कोवर घर ले जायेंगी,

श्रृंगारित दुल्हिन दो में से,

कोई एक प्रिया हो जायेगी।।167।।

फिर, तुम्हें लायेगी मंडप में,

दुल्हिन पीछे से आयेगी,

सब विधि-विधान वैदिक,

मंत्रों से शुभ शादी हो जायेगी।।168।।

मनटीका, सिन्दुर से गर्बित,

मेरा सुहाग इतरायेगा,

वासन्तिक मन का कोयल, भी,

पंचम स्वर में कुछ गायेगा।।169।।

परिणयन वाद सखियाँ मेरी,

कोवर घर संग गुजारेगी,

तुम लाख कहो या फुसलाओ,

हँसकर केवल बहलायेगी।।170।।

क्या कहती हो? रूक जाओ, प्रिये!

लभ-मैरेज क्या अविवेक हुआ?

हम दोनों ने जयमाल किया,

कैसे कहती, व्यतिरेक हुआ?।।171।

हम अंतरिक्ष से साथ चले,

सुन्दर प्रपंच, कौतुक करने,

हम जन्म-जन्म से व्याहित हैं,

फिर क्यों जाऊँ, बेतुक करने?।।172।।

इतनी आकुलता दिखा रही,

बहलाकर मुझे यहाँ लायी,

परिहास करेंगे ज्ञानी जन,

प्रियतम के संग चली आयी?।।173।।

नाकर-नूकर से व्यथित अंग,

अंगड़ाई लेती मन-तरंग,

नायक का अलसाता उमंग,

बेकार झिझक से तंग-तंग,

निःशब्द नायिका के आँसू की धांरा बेसुध फूट गयी,

स्नेहिल सपनों में ऊभ-चूभ, यारी-यारा अवंकूट हुई।।174।।

विनती करती हूँ बार-बार,

बहती समीप कौशिकी धार,

रख लो मर्यादा एकबार,

घर वाले होंगे तार-तार

प्रीतम की आँखों में अपनी छवि देख-देख मुरझायी,

अँचरी भी औचक रेत-खेत में लेख-देख फहड़ायी।।175।।

विश्वास करो, स्वागत करने,

मेरे परिजन सब आँयेंगे,

इस आम्रकुंज में बैठो, तुम,

उनके आने पर जायेंगे,

मृगनैनी के पिकवैनी स्वर हाँ, हाँ में ही स्वीकार हुआ,

उड़ गयी चुनरिया, अंग-वस्त्र, प्रेमी को अंगीकार हुआ।।176।।

वह चली दमकती मातृभूमि,

ममता प्रगाढ़ थी रग-रग में,

कहती जाती थी कुशल क्षेम,

हँसती, झुकती थी पग-पग में,

सम्वाद सुना शुभ सब दौड़े, तत्क्षण ही लाने सियवर को,

अमराई तक शहनाई की भी तान सुनाने प्रियवर को।।177।।

गाजे-बाजे सब खनक उठे,

कलशें शोभित थे द्वार-द्वार,

सुन्दर पुष्पों की तीव्र महक,

यौवन धड़काती बार-बार,

संयत आँखों से अश्रुधार, माँ की ममता बन फूट पड़ी,

हाथों में माला लिए, पिता के संग भीड़ भी टूट
पड़ी।।178।।

जामाते। मतअधीर बनना,

रति की लाली कपोल बसती,

भोली सूरत चंचल नयना,

मादकता, उर किलोल कसती,

तुम युगल प्रेम के संधिपत्र को राग-रास में ही रखना,

और सरस पुष्प के मधु-पराग को मधुकर जैसा ही चखना।।179।।

रजनी में सजनी जाग रही,

क्यों मधुर भाव मन में जागा, अलसायी सी लगती हो?

शुभ चौठ मिलन की बेला में, घूँघट ओढ़े जगती हो,

मैं ही उसमें छिप जाऊँ या, तुम बाहर भी निकलोगी?

ले लो अपना श्रृंगार-हार तुम देखो, तब पिघलोगी,

प्रच्छन्न चाँदनी छन-छन कर मेघों का चुम्बन त्याग रही,

निर्ममता मन से भाग रही।।180।।

हाँ! हाँ! अब लूँगी, सगुन-हार,

मेरी समाधि है निर्विचार, होठों पर हँसी अटकती सी,

अभ्रित तन भी है निर्विकार, मोखों पर बाती बुझती सी,

सखियाँ लुक-छिप हैं झाँक रहीं, कैसी विचित्र लीला है,

मत शोर करो भ्रम होने दो रग में बसंत पीला है,

मेघा, वसात के संग उड़ा छिनकर चन्दा से चन्द्रहार,

कैसे संभव कौतुक विहार।।181।।

आफलित उषा है शांतिपूर्ण,

गर्जन के कारण मेघ कहीं, रिमझिम वर्षा को रोक न दे,

उर्मिल तरंग, व्याकुलता, इस तापक बिजली को शोष न ले,

तुम प्रणय-प्रलय में डूबे जाते, सहमति तो पहले ले लो,

क्यों सुहित लक्ष्य में वढ़ते जाते, संधि प्यार पहले कर लो,

उच्छृंखल रातें कहती हैं, तिल-तिल में होगा मान चूर्ण,

आदित्य उदय का क्रान्तिपूर्ण।।182।।

आधी रात पपीहरा बोले,

कुंज-कुंज में कूहू-कोयल माननियों का मान धो रहा,

प्रकृति-नाट्य जर्रें-जर्रें में, रास-प्रेम के संग हो रहा,

मेल-खेल हर केलिकुंज में, ऊपर-नीचे रास मचा है,

क्यों तुषार-लज्या से डरते, आलिंगन में तापवचा है,

प्रलय मचा दो हौले-हौले, नश-नश में मादकता डोले,

छन-छनाक ओले-बन शोले।।183।।

कामार्त भाव चैतिक कर लो,

मन्द, पवन, शीतल, सुगन्ध प्रतिद्वन्दी को ललकार रहा,

बली कौन है तुलना कर लो, दर्प मेरा फुफकार रहा,

कामदेव, शिव से भयार्त्त, निर्भीक सदा रस में बस लो,

अपसव्य-सव्य, ऊपर-नीचे, तुम बार-बार मुझको डँस लो,

अब पुण्य काल संपातित है,सब विधि-विधान वैदिक कर लो,

सम्पूर्ण काम यागिक कर लो।।184।।

काया में ऐंठन असहनीय है, मुक्त करो,

खिड़की से किरणें आने लगी है मन्द-मन्द,

कोयल भी कूक सुनाती है, एकभुक्त करो,

सखियाँ कब से सो रही, देखकर द्वार-वंद।।185।।

अच्छा मुहुर्त्त है, हम दोनों बाहर निकलें,

अलकें, बिन्दी, सिन्दूर, सुयत कर लेती हूँ,2

तेरे कपोल पर रंग-सिन्दुरिया हैं लीपे,

अभिसार चिह्न, आँसू से तर कर लेती हूँ।।186।।

तेरे समाज की संस्कृति बहुत निराली है,

परिणीता-नारी छुप-छुप के कोबर सोती,

आवरण प्रेम पर लाज अनूठी प्यारी हैं,

मिथिला-नारी उसको ही, जीवन भर ढोती।।187।।

उठो, नहा लो! शुद्ध हृदय से दीप जला लूँ,

जनक नन्दिनी के प्रसाद से मांग सजा लूँ,

आँचल में भी दूध वही देकर रस भर देती है,

पूर्ण कामना अभागिनी की भी क्षण में कर देती है।।188।।

तीस दिवस तो बीत चुके,

अब अवधपुरी भी जाना है,

नवमी उत्सव चैत्र शुक्ल में,

हनुमद् ध्वज फहड़ाना है।।189।।

शुभ दिन का संदेश आ चुका,

घर के लोगों से तुम मिल लो,

खरखरिया भी अभी आ चुका,

सखियों को भी गले लगा लो।।190।।

स्वाधिकार था इस धरती पर,

पल भर में वह छिनती दिखती,

मेरा कुछ अनुरोध् नहीं,

फिर बेकरार क्यों सिसकी भरती?।।191।।

ममता किसकी क्या प्रपंच,

किस आडम्बर का रंगमंच?

सब हँसते-फँसते जाते हैं,

नाटक-टाटक है त्वंच हंच।।192।।

नारी जीवन, भीषण तरंग,

अविरत विषाद का रूप रंग,

चोटी तक चढ़ना, गिर जाना,

होता रहता वह अंग-भंग।।193।।

माँ! दिल रोता, तुमको निहार,

तुझमें ममता है बेसुमार,

मैंने अबतक पाया दुलार,

पर झूठा लगता लार-प्यार।।194।।

दुलरी बेटी! ऐसा मत कह,

क्यों समझ गयी अधिकार नहीं?

स्वीकृत परम्परा सदियों की,

तेरे हित में, अपकार नहीं।।195।।

जीवन में खेलो मधुर खेल,

द्वय भाव मिटा, अद्वैत मेल,

तुमको दो-दो माँ-बाप मिले,

दोनों घर तेरे कमल खिले।।196।।

तुम शरदप्रात की शेफाली,

हरदम मकरन्द सिंचा करना,

औरत के ही तीनों चरित्र से,

पति के संग सुखी रहना।।197।।

नैहर पर जो परिहास-हास, हो,

तुम प्रतिवाद नहीं करना,

और सदा समर्पण के भावों से,

मधुर-मधुर वन के रहना।।198।।

शुभ समय बीता जा रहा,

बहु विधि सखी समझा रही,

कोहराम से पुरजन व्यथित,

कुलधर्म, सीख सिखा रही।।199।।

ज्ञानी पिता के नेत्र से भी,

अश्रुधारा बह चली,

आवाज में थी थड़थड़ी,

फिर भी बुला ली पालकी।।200।।

कुलरीतिवा नारी चलन,

बेटी के मन में भी पली,

पर उन्हें विवशता सताती,

विदाई शुभ-काल की।।201।।

बहु विधि सजी थी पालकी,

यों पुष्प-कुंज बिहँस रहा,

गंधाढ्य मिश्रित पवन से,

वह पुण्यक्षेत्र रहस रहा।।202।।

इस ओर आँसू थे बरसते,

उधर जल्दी मिलन थी,

बारातजन झुँझला रहे,

हर बात में ही छिलन थी।।203।।

अब तो विलाप को रोक लो,

कुलरीति भी आगे बढ़े,

ले जा धीया को पालकी,

विधि-नियम से डोली चढ़े।।204।।

वर को बिठाओ ठीक से,

चादर, बिछावन भी रहे,

वैदिक सहित हैं, हम खड़े,

जय विनायक कहकर बढ़ें।।205।।

बारातजन अति व्यग्र थे

दुल्हन अभी बेहोश थी

कोवर में सखियाँ थी खड़ी

माता बिलख खामोश थी।।206।।

रूदन सी शहनाई बज उठी

विरह दुःख से आकुलता बढ़ी

जब चले वर बेटी लिए

विकलता, सब के माँथे चढ़ी।।207।।

उष्णता मध्य दिवस की तीव्र थी,

कहरिया तरु-छाया में सो गया,

सकाल अवध भी जाना शीघ्र था,

वह सशंकित, चिन्तित हो उठा।।208।।

अब न दिखता सूरज आकाश में,

रोशनी को चुपचाप निगल गया,

इधर वर-वधु भी अति त्रस्त थे,

उधर स्वजनों में भय बढ़ गया।।209।।

अवध के हर घर में थी व्यथा,

नजर सबकी वन की राह थी,

द्रुत सवारी-चालक खबर ले,

पुरजनों की अतिशय चाह थी।।210।।

नगर के बलशाली चल पड़े,

भुजाओं में नव-खून उबल गया,

तुरग तत्क्षण 'तमसा' पार था,

धवल चंदा अंध निगल गया।।211।।

यहाँ माताएँ भयभीत थी,

नगर के ज्ञानी से पूछकर,

कबूलूँ चौठचन व्रत इस साल से,

मना लूँ चन्दा को भी पूजकर।।212।।

चंदा! अब तूँ चूम के जाना,

नब विवाहिता दुल्हन आती,

उसे देख तूँ मत शरमाना,

अभी कुंज-वन में रोधित है,

किरण चतुर्दिक तूँ फैलाना,

चंदा! अब तूँ चूम के जाना।।213।।

हितकर है तेरी अनुकम्पा,

चाँद दूज का कभी न बनना,

फूल प्रसाद चढ़ा दूँगी मैं,

शुक्ल चौठ भादो में आना,

चंदा! अब तूँ चूम के जाना।।214।।

प्रातः से गतिमान सूर्य का,

प्रतिदिन शायं घर आ जाना,

नियम भिन्न क्यों तेरा ऐसा,

एक रात भर पूनम रहना,

चँदा! अब तूँ चूम के जाना।।215।।

जलधि ज्वार भी रूठा तुमसे,

उचित समय है आज मनाना,

धरती का आकर्षण कम कर,

अंकों में ही उसे नहाना,

चंदा! अब तूँ चूम के जाना।।216।।

पुष्प-कली सब वन-कुंजों में,

रसाभाव से शुष्क पड़ी है,

रूक कर, उनकी पीड़ा को,

तुम धवल चाँदनी से सहलाना,

चन्दा! अब तूँ चूम के जाना।।217।।

आज अवध को है आतुरता,

सोम पान तूँ करलो जितना,

जबतक नगर नहीं आ जाता,

तबतक तुम भी हँसते रहना,

चंदा! अब तूँ चूम के जाना।।218।।

सजी पालकी अटक गयी है,

तेरी किरणें भटक गयी हैं,

धवल चाँदनी विस्तारित कर,

सड़क चीरते भी आ जाना,

चंदा! अब तूँ चूम के जाना।।219।।

तोड़ो बंधन अंध शयन का

चमक बढ़ा दो रश्मि नयन का

दोनों के प्रासाद मार्ग में

चन्द्र कौमुदी बनकर आना

चँदा! अब तूँ चूमके जाना।।220।।

हितकर स्वभावतः है सितकर,

क्षण में प्रकाश विस्तीर्ण किया,

जंगल का तमस क्षीण करके,

वधु-श्वश्रु मिलन रंगीन किया।।221।।

आजा बेटी! इस धरती को प्रणमन कर लो,

यह सिया-राम की चरण- धूलि से संस्कृत है,

आदर्श-त्याग, मर्यादा से तन-मन भर लो,

अवतारी के उत्तम चरित्र से उपकृत है।।222।।

घटाएँ आज रूक जाओ, सुता मिथिला की आयी है,

चाँद! तूँ रात में रह लो, नगर में खुशी छायी है,

गुलाबी महक बरसाओ, कली अलसाई हुई है,

हवायें! झूम के बह लो, गली गरमाई हुई है।।223।।

टिमकती तारिकाएँ हैं, उन्हें महफूज रहने दो,

कुहकती पीक का स्वर है, उन्हें भी हूक भरने दो,

घुटकती शूक पिंजड़े का, रटन्ती शोर होने दो,

मटकती मोरनी नाचे, वसंती भोर होने दो॥224॥

नटखटे शोख दिल के ही, गुबारे तन से फूटेंगे,

चटपटे रोख तिल में ही, फव्वारे वन के छूटेंगे,

अभी मधुकर नहीं आया, वही मकरन्द पी लेगा,

नजर एकस्थ रख ले तो सही यौवन को जी लेगा॥225॥

भुला दो गम को तनमन से, नशीला वार ना छूटे,

बुझा लो प्यास तर्पण से, धधकती आग अब फूटे,

गरज मेघा, कड़क बिजली, बड़ी मुद्दत से पायी हो,

बरस लो झूम के तुम भी, निशा गरमी में छायी है॥226॥

चाँदनी चार रातें थीं, अँधेरी रात अब ले लो,

नन्दिनी धार भी फूटे, दिलग्गी साथ तब खेलो।

ब्याल सा फन चढ़ा तीखा, नसों में ज्वार काफी है,

यही जन्नत सा दरवाजा, सबावे रश्म चाभी है।।227।।

कुदरती जोश कैसा है युवामन रंग देता है,

मिटा के मस्तियों का रंग, फिर भी संग देता है,

लाख चाहूँ भी कयामत कभी जाकर नहीं आती,

मुझे तो फक्र है, जन्नत कभी आकर नहीं जाती।।228।।

उठो, देखो! उषा का आफलन कैसा चमत्कृत है,

गुलाबी सूर्य का चक्का दिवा जैसा ही स्वीकृत है,

शरीरी सुख का भुलैया जहन्नुम को बुला लेगा,

हृदय से देश की सेवा ही जन्नत में सुला देगा।।229।।

उधर नगर भी काँप रहा था,

व्यभिचारी का तांडव सुनकर,

सभी डरे थे, अब क्या होगा,

फिर न कहीं हो इससे बढ़कर।।230।।

कलतक पागल थे कनकों में,

दौलत से सरकार बनी थी,

महादलित में क्रान्ति भरी अब,

भ्रष्टों से तकरार तनी थी।।231।।

अब तो नित-नूतन पंथों की,

नयी-नयी सरकार बनेगी,

बाहुबली शासन में होंगे,

बुद्धिवली में मार ठनेगी।।232।।

जाति-धर्म खुलकर बोलेगा,

स्वच्छ प्रशासन नारा होगा,

नगर- वधू का राज चलेगा,

दाम फिरौती का कम होगा।।233।।

भारत में आतंक बढ़ेगा,

जन-नायक फंसते जायेंगे,

देश-द्रोह का मुजरिम साथी,

बदले में छुटते जायेंगे।।234।।

देवों की भाषा संस्कृत पढ़,

पितरों को जब देव मिले थे,

अन्तर मन का मोल कहाँ,

जिससे सौरभ के फूल खिले थे।।235।।

यह ऋषि मुनियों की धरती है,

शास्त्र-शस्त्र पारंगत वे थे,

जीवन नियमित था शास्त्रों से,

न्याय, शस्त्र से भी सम्मत थे।।236।।

सम्पूर्ण सृष्टि की केन्द्र-शक्ति भारत में है,

दूरस्थ टिमकते तारों से मत घबड़ाना,

भौतिक विकास से उनका माथा ऊँचा है,

आध्यात्म-शस्त्र से सारे जग को धमकाना।।237।।

क्या पुलिस-तंत्र भ्रष्टों के आगे निर्बल है?

तो भेज के देखो मुल्ला, पंडित, ज्ञानी को,

क्या जेलों में भी अनाचार ही भुजबल है?

तो वासुदेव का तेज दिखा दो प्राणी को।।238।।

पीजा-तन्दूरी संस्कृति सब को नाशेगी,

तुम भारतीय शैली को ही प्रश्रय देना,

सब भ्रष्टों को कुर्सी से ही बेदखल करो,

आचार शुद्ध प्राणी को ही आश्रय देना।।239।।

हर युग में राक्षस को देवों ने सिखलाया,

भौतिकता को आनन्द परम में ही झोंका,

सत्ता, पत्नी-सुख छोड़ राम जंगल सेबे,

राक्षसी कर्म को वैदिक- ऋषियों ने रोका।।240।।

इस प्रकृति-ब्रह्म को जाति-धर्म से क्या मतलब?

या लोक पिता बनने का कैसा है मकसद?

हम सब उसकी संतान, सभी लोकों में है,

जो कारण-कार्य रूप देता है शत-प्रतिशत? ।।241।।

जब रंगहीन है जाति-धर्म तो कैसे भेद करेंगे?

ये सूक्ष्म इन्द्रियाँ नहीं दीखती कैसे मेध भरेंगे?

स्थूल तत्व को दण्डित करके कैसे हम उछलेंगे,

नैतिकता में हम नहीं रंगे तो, बेहद खेद करेंगे।।242।।

भारत भीतर से डरता है कुछ हो न जाय,

अब समय आ गया राष्ट्रीयता की रक्षा की,

पहले डर था बाहर से कोई आ न जाय,

इस बार कठिन है स्वजनों से अभि-रक्षा की।।243।।

कालाधन एवं भ्रष्ट व्यक्ति चिन्हित कर लो,

भौतिक सुख के कारण को ही निन्दित कर दो,

देखा-देखी यह छूत रोग सा पसर गया,

नंगे-भूखे, पूज्यों को अभिनन्दित कर दो।।244।।

वाचस्पति, मंडन, विद्यापति को याद करो,

उदयन, कबीर, तुलसी, चूहर प्रासंगिक हैं,

इन आदर्शों के वचनों का गुणगान करो,

शिक्षा नवीन क्यों? गुरुकुल ही अनुसंहित हैं।।245।।

अब चलो, सम्भालो शासन, पगड़ी शुद्ध करो,

अबला, असहाय की टोली है मेरे पीछे,

घर-घर है रावण, लंका नगरी बुद्ध करो,

हनुमान, राम के उतने हैं तेरे पीछे।।246।।

प्रकृति नाचती पौरूष-बल पर,

मैं नाचूँगी इस भूतल पर,

वह विकसित है संघर्षण से,

मैं तिरंग पर सबसे ऊपर।।247।।

मिल बाँटेंगे सुख-दुःख दोनों,

ज्वाला में तर्पण भी होगा,

नैतिकता के चरम शिखर से,

राज-काज अर्पण भी होगा।।248।।